DIT IS HET
HONDENBOEK
VAN
Linda Marte

MIJN HONDEN-BOEK

Heide-Lore Kluckhohn

Deltas

Inhoud

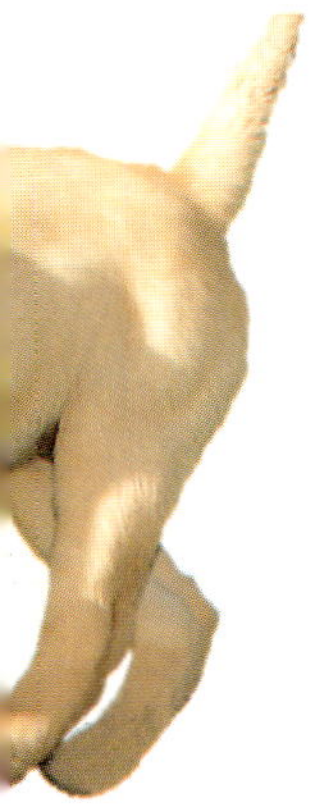

Mijn lievelingshonden

Hier kun je een grote foto van je hond plakken.
Of, als je nog geen hond hebt, kun je hier een kleine hondenfototentoonstelling maken.

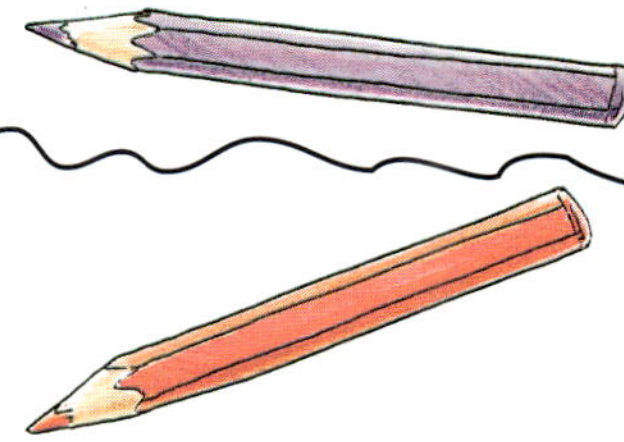

De hele familie moet 'ja' zeggen

Een hond is de trouwste vriend en beste speelkameraad die je je kunt voorstellen. Hij troost je als je zorgen hebt en hij houdt ervan met jou om het hardst te rennen en buiten te ravotten. Je hond heeft altijd tijd voor jou!

De hond is een familiedier
Honden vinden het overigens heerlijk samen te leven met veel mensen. Jouw familie moet natuurlijk evenveel van dieren houden als jij, want je kunt tenslotte niet altijd helemaal alleen voor je hond zorgen. Vooral de eerste paar maanden moeten ook je ouders zich met hem bezighouden, want hij moet leren zich te gedragen – daar moeten de volwassenen nu eenmaal bij helpen. Wat een jonge hond allemaal moet kunnen, staat op bladzijde 34.

Waar je van tevoren aan moet denken
Als jullie in een huurhuis wonen, moet de huiseigenaar ermee instemmen dat er een hond intrekt. En natuurlijk speelt geld ook een grote rol: een hond kost een paar honderd gulden of een paar duizend frank, en jullie zullen het voer, de dierenarts en de hondenbelasting moeten betalen. Je hond krijgt van de belastingdienst een hondenpenning om aan zijn halsband te hangen.

Past een hond in ons gezin?

Je kunt deze vragen het beste samen met je ouders invullen. Jullie kunnen de antwoorden dan samen bespreken; kruis daarna 'ja' of 'nee' aan.

	JA	NEEN
Mijn ouders (vader/moeder) hadden als kind ook een hond.		
Ons gezin is actief en graag buiten.		
Er is altijd iemand thuis, zodat onze hond niet vaak alleen zal zijn.		
Ik ben het liefste buiten, ook als het niet zulk mooi weer is.		
We zullen de hond ook meenemen op vakantie.		
Als dat een keer niet kan, zal er goed voor onze hond worden gezorgd.		
Ik zal ondanks mijn hobby's en school genoeg tijd overhouden voor mijn hond.		
Een hond is een speelkameraad, maar geen speelgoed!		

Heb je ten minste zes vragen met 'ja' beantwoord? Dan zijn jullie het perfecte hondengezin.

Welke hond is geschikt voor jou?

Bij elke hond die je ziet stel je misschien de vraag: zou dat er een voor mij zijn? En dan vind je het waarschijnlijk helemaal niet zo belangrijk of het een edele hond met een stamboom is.

De stamboom van een hond is een soort geboorteakte. Daarin wordt bevestigd dat zijn voorouders zeer voorname honden waren en misschien zelfs schoonheidsprijzen bij tentoonstellingen hebben gewonnen. Zulke honden heten dan bijvoorbeeld 'Prins van Pronkenburg' of zoiets. Maar voor een doodgewone gezinshond, om te knuffelen en om mee te spelen, is een stamboom niet zo belangrijk. Hij moet vooral van nature goedaardig zijn en hij mag niet gelijk een zenuwinzinking krijgen door lawaai of als hij bij het ravotten een keer per ongeluk een klapje krijgt.

Rashond of bastaard?

Bij een bastaard is het vaak niet bekend wie de vader is, en de stamboom is zeker onbekend. Maar veel mensen vinden bastaarden robuuster en gemakkelijker in de omgang dan menige superhond van de fokker. Het is heel belangrijk hoe groot het dier later zal worden, want hoe kleiner het huis des te kleiner moet ook de hond zijn. Ook de omgeving van het huis speelt een rol. Een grote hond voelt zich eigenlijk pas prettig in een huis met een tuin.

Wordt het een reus?

Bij rashonden weet je natuurlijk tamelijk precies hoe groot ze zullen worden. Bij puppy's (zo heten hondenbaby's) met onbekende voorouders weet je dat niet.
Maar je kunt aan de poten goed aflezen of het nietige hondje later een reus zal worden.
Als de poten schijnbaar niet bij het lijf passen en te groot en te lomp zijn, zal het een grote hond worden.

Mannetje of vrouwtje?

Bij honden noemen we die *reu* en *teef.* Teefjes zijn vaak geschikter als hond voor het gezin en de kinderen. Ze zijn gemakkelijker op te voeden, passen zich beter aan het gezin aan en het zijn je reinste knuffeldieren.
Reuen zijn over het algemeen eigenzinniger en ze moeten strenger worden opgevoed. Uitzonderingen bevestigen natuurlijk de regel.

De toptien van de meest geliefde honden

En nu begint het! Wat voor soort hond zal jou – en je familie – de komende jaren begeleiden?
Op de volgende bladzijden zul je verschillende hondenrassen leren kennen; dat zijn slechts de belangrijkste, want bij ons zijn er ongeveer 250 en op de hele wereld wel 400 rassen!
Bastaarden kunnen we natuurlijk niet in rassen indelen. Zij hebben van elk van hun voorouders iets geërfd. Als je voorkeur uitgaat naar een bastaard, moet je dus zoveel mogelijk te weten zien te komen over de nauwe verwanten van het dier. Daardoor kun je erachter komen hoe hij zich kan ontwikkelen.

Bestaan er kindvriendelijke hondenrassen?
Ja. Maar de afstamming zegt niet alles.
Het is minstens zo belangrijk hoe de eerste paar weken van de pup verlopen en hoe hij daarna opgevoed wordt.

1. Zoveel honden als je wilt in één oogopslag
Waar? In hondenboeken en bij hondententoonstellingen. Wanneer welke waar plaatsvinden, staat in de krant.

2. Raadpleeg de dierenarts in de buurt
Dierenartsen zijn experts en kunnen je vertellen welk hondenras geschikt zou kunnen zijn voor jou en je familie.

3. Een uitstapje naar het dierenasiel
Hier zie je een heleboel honden (maar verlies niet gelijk je hart), en de verzorgers zijn goed op de hoogte van hun eigenschappen.

Op de eerste plaats staat de ***bastaard.*** Bijna één op de twee honden heeft zijn uiterlijk, zijn karakter en zijn gedrag geërfd van verschillende voorouders. De bastaards lijken bovendien de goede kanten over te nemen: de meeste zijn ongecompliceerd en robuust.

Raszuivere honden stammen uit een familie van alleen maar dezelfde honden. Zoals bijvoorbeeld de leergierige ***Duitse herdershond***, de tweede in de hondentoptien. Kenners rekenen hem niet tot de beste 'kinderhond', hoewel er ook goede babysitters en kindervrienden onder de herdershonden te vinden zijn. Maar het zijn perfecte werkhonden, bijvoorbeeld voor de politie en de douane. Een herdershond mag nooit luieren. Deze hond, die wel 65 cm groot kan worden, moet minstens twee uur per dag wandelen. Met de grootte bedoelen we de hoogte van de hond: van zijn schouders tot de grond.

Een ***tekkel*** is de ideale speelkameraad: hij houdt van ravotten, is vrolijk, teder en heel erg slim – maar ook enigszins eigenzinnig. Je moet bij zijn opvoeding niet te toegeeflijk zijn, want hij werpt je altijd onschuldige blikken toe. Tekkels zijn ook geschikt voor kleinere huizen, maar omdat zij zo'n gevoelige rug hebben, kunnen ze beter niet traplopen.

Met een ***poedel*** wordt het nooit saai, omdat hij altijd wil rennen en spelen en nieuwe kunstjes wil leren. Hij is een echte circushond! De kleine poedelrassen zijn ook geschikt als je in de stad woont, maar ze moeten veel wandelen, want een poedel wil altijd op reis zijn en hij is blij met iedereen die hem aanspreekt. De krullige vacht moet dagelijks worden geborsteld en gekamd, of het nu een dwergpoedel (tot 35 cm hoog), een middenslagpoedel (tot 45 cm hoog) of een koningspoedel (55-60 cm hoog) is. Een verzorgde poedel gaat bovendien eens in de paar weken naar de hondenkapper om zijn vacht te laten scheren.

De ***yorkshire terriër*** is de bekendste onder de terriërsoorten. Kun je je voorstellen dat deze kleine dwerg, die maar 25 cm hoog wordt, in Schotland bijna 150 jaar geleden als rattenvanger gebruikt werd? Deze piepkleine viervoeters met hun prachtige vacht zijn nog steeds moedig. En het zijn goede speelkameraadjes: snel, zeer zelfbewust en bepaald geen huismussen. Geen schoothondjes, zoals sommigen denken.

Natuurlijk moet je bij het ravotten met een kleine hond iets voorzichtiger zijn en goed op hem letten.

Steeds vaker ziet men de ***west highland white terriër***. Wie eenmaal dit hondje met zijn zwarte kraaloogjes heeft gezien is verloren. De tot 30 cm hoge 'westie' komt, zoals de meeste

terriërrassen, uit Engeland. Uit Schotland, om precies te zijn. Hij is een resistente en robuuste hond geworden door het ruwe klimaat daar. Oorspronkelijk werd hij meegenomen op de jacht, maar gaandeweg is hij een echte gezinshond geworden en met zijn temperament zet hij iedereen in vuur. Hij is een beminnelijke, speelse en waakzame huisgenoot. De waakzaamheid is niet afhankelijk van de grootte. Ook de kleinste hond verdedigt zijn bazen met geblaf, gegrom en desnoods met zijn scherpe tanden!

Ook ***spaniëls*** hebben veel fans. De aanhankelijke ***cockerspaniël*** is bijvoorbeeld vermaard om zijn speelsheid. Urenlang jaagt hij achter ballen en stokjes aan om vervolgens met wapperende oren aan te komen rennen. De fraai gelokte oren zijn zijn grote trots en ze moeten vaak worden geborsteld. Deze ongeveer 40 cm hoge hond heeft slechts één nadeel: hij is gulzig. Je moet zijn goedige blik weerstaan en beslist de buren waarschuwen. Een cocker deinst er namelijk niet voor terug bij anderen te gaan bedelen!

Schnauzers zijn te herkennen aan hun baard en hun indrukwekkende wenkbrauwen. Ze worden naargelang hun grootte ingedeeld in reuzenschnauzers (tot 70 cm), middenslagschnauzers (ongeveer 50 cm) en dwergschnauzers (30 à 35 cm). Ze zijn allemaal lief voor kinderen, moedig en speels, maar toch valt de kleinere soort meer aan te bevelen. Een reuzenschnauzer kan als speelkameraad gewoon te sterk zijn.

De filmhond Lassie is vermoedelijk de beroemdste ***collie*** ter wereld! Collies zijn herdershonden. Logisch dat ze ook hun familie behoeden. Die familie kan het beste in een huis met een tuin wonen, want de ongeveer 60 cm grote collie heeft behoefte aan veel ruimte.

De nummer tien op de lijst van meest geliefde honden is de vrolijke ***keeshond.*** Vooral de dwergkezen, die slechts zo'n 22 cm hoog worden, zijn aanhankelijke en trouwe viervoeters.

Nog enkele leuke speelgenootjes en gezinshonden:

- De goedgehumeurde ***beagle*** is eigenlijk een Engelse jachthond die zich heeft ontwikkeld tot een sympathieke huishond. De beagle (spreek uit 'biegl') wordt ongeveer 38 cm hoog, is bijzonder goedig en altijd in de stemming om te ravotten.

- De reusachtige ***newfoundlander*** wordt wel 75 cm hoog en 60 kg zwaar! Zelfs wilde kinderen brengen hem niet van zijn stuk. Hij heeft veel ruimte en beweging nodig (als het kan een buitenren) en hij zwemt dolgraag!

◆ De geduldige ***golden retriever*** is 60 cm hoog; hij kan geen meertje passeren zonder erin te springen. Hij is zeer gehoorzaam en houdt van alle honden het meest van zijn baasjes.

Vraag het aan hondenbezitters!

Je kunt veel te weten komen uit boeken, maar eigen onderzoeken zijn ook interessant. Dat kun je doen door tijdens de wandelingen mensen met honden aan te spreken en vragen te stellen. Wees niet bang, de meeste hondenbezitters zijn aardig.

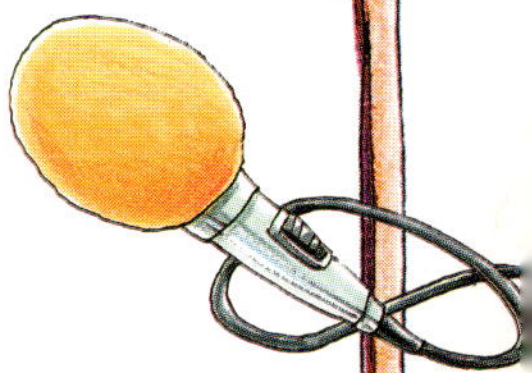

Wat je kunt vragen?
Bijvoorbeeld:

- *Van welk ras is de hond?*
- *Hoe oud is hij?*
- *Speelt hij graag of dommelt hij liever?*
- *Wat eet hij het liefste?*

Enzovoort.

Hieronder kun je alle informatie opschrijven die je hebt verzameld:

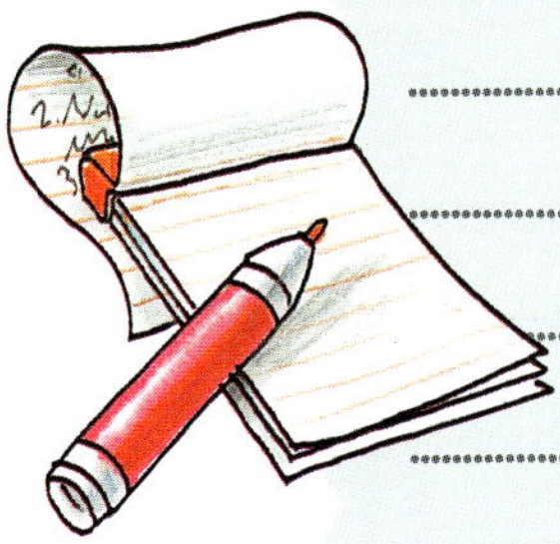

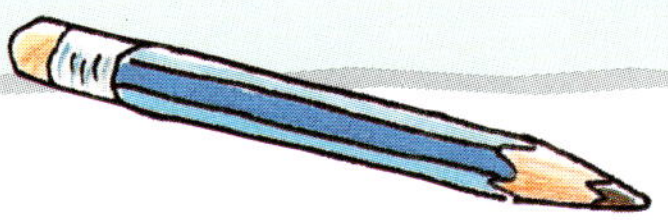

Alle honden stammen af van de wolf

De geleerden zijn bijna allemaal van mening dat de wolf de oer-oer-stamouder van onze huishond was. Maar waarschijnlijk niet het grimmige, grote, grauwe beest dat we kennen uit het sprookje over Roodkapje, maar een kleiner wolvenras.

Ooit in het grijze verleden volgden enkele van deze beesten de mensen uit de steentijd, die rondtrokken als jagers en verzamelaars. Ze waagden zich bij het kampvuur en graaiden restanten van de jachtbuit weg om te eten.

Ongeveer 12.000 jaar geleden begon de vriendschap tussen mens en hond: de eerste jonge dieren bleven in de buurt van de mensen. De mens uit de steentijd liet zich door het hondachtige dier helpen bij de jacht en liet hem op het wild jagen. De halfwilde hond bleef in de buurt van de mensen, omdat die hem eten en een plek bij het vuur gaven.

Gaandeweg onderwierp hij zich, de mens werd zijn aanvoerder, zijn 'chefwolf'. Net als bij de wolven, waar er ook maar eentje in de roedel het voor het zeggen heeft.

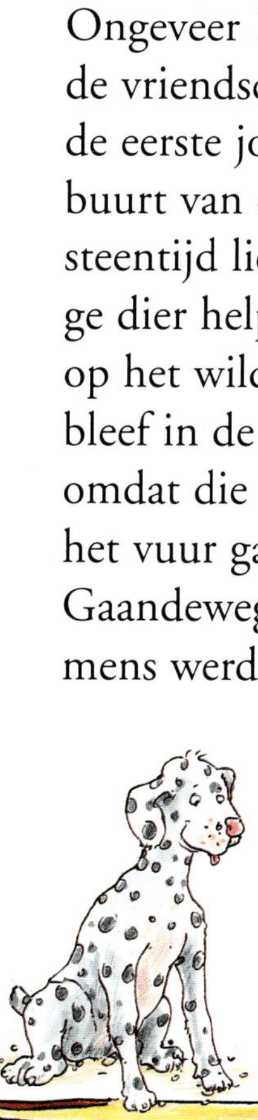

Overigens neemt men aan dat het toen al tot de taken van de honden behoorde de wacht te houden en op de kinderen te passen. Maar het duurde nog enige duizenden jaren voor de wolfshonden echt tamme huishonden waren geworden, en de verschillende rassen ontwikkelden zich geleidelijk aan over de hele wereld.

Sinds de Middeleeuwen fokt en kruist men doelbewust honden. De mens bepaalt welke rassen welke eigenschappen moeten hebben. *Jachthonden* hebben bijvoorbeeld een zeer fijne reukzin nodig.

Herdershonden daarentegen moeten respect afdwingen bij schapen en koeien.

Daarom moeten zij er genoegen in scheppen onvermoeibaar heen en weer te rennen om de kudde bijeen te houden.

Tegenwoordig zijn er ongeveer 400 hondenrassen op de hele wereld. Uiteindelijk stammen zij alle van de wolf af – van de dwergpincher tot de potige rottweiler. En die herkomst valt niet te verloochenen:

- Honden willen veel bewegen. Net als wolven, die de hele dag onderweg zijn.

- Honden hebben net als wolven een aanvoerder nodig. Voor de hond is dat de mens.

- Honden grommen soms als je ze stoort bij het eten. Dit gedrag herinnert aan hun wolvenverleden. Tenslotte waren er soms tijden van nood zonder voedsel en dan lieten ze zich het eten niet graag onder de neus vandaan halen.

Wereldkampioen ruiken

De hond zal ons niet benijden om onze neus want hij kan meer dan honderd keer zo goed ruiken als wij.

◆ Een politiehond ruikt het allergeringste spoor van een mens die hij moet opsporen.

Een drugshond bij het doorsnuffelen van bagage op het vliegveld

◆ Een jager merkt aan de reactie van zijn hond dat er wild in de buurt moet zijn, want honden ruiken reeën en hazen al als de mens ze nog geeneens in het vizier heeft.

◆ Een lawinespeurhond kan verongelukten ruiken, zelfs als ze verborgen liggen onder een zeven meter dikke sneeuwlaag.

◆ Een hond ruikt zelfs of je hem wel of niet mag. En je kunt er zeker van zijn dat jouw hond het kan ruiken als je angstig of treurig bent.

Als je kijkt naar een hond op straat, zie je meteen dat het een snuffeldier is. Alles wordt beroken en besnuffeld. Voor hem is dat overal rondsnuffelen net zo interessant als voor ons de krant lezen. Via zijn neus komt hij de nieuwsfeitjes te weten: aha!, hier is een onbekende hond geweest.

Een hond hoort alles

Het hondenoor neemt hoge tonen waar die wij mensen niet kunnen horen. Een hond hoort zelfs in zijn slaap! Daarbij onderscheidt hij of het geluid 'normaal' is (bijvoorbeeld een familielid dat 's nachts naar de koelkast sluipt) of 'vreemd' is (bijvoorbeeld een vreemdeling die buiten bij de deur staat).

Hij hoort het bezoek allang voor het aan de bel trekt en hij kan vertrouwd volk aan zijn stap herkennen. Daarom zit hij meestal al verwachtingsvol achter de deur als je binnenkomt. Anderzijds hebben dierenonderzoekers

vastgesteld dat een hond zijn gehoor ook kan uitschakelen: geluiden die hij niet wil horen, hoort hij gewoon niet. Terwijl er luid geknal uit de televisie dreunt, ligt hij op het tapijt te dommelen en heeft hij zijn oren op 'stand-by' gezet.

Honden kunnen alleen in het donker goed zien

Wij mensen zijn bij het zien in het voordeel, zelfs als onze ogen niet meer zo goed zijn. Dan zetten we even een bril op.
Een hond kan minder ver kijken en voor hem is de wereld ook niet bont, maar veeleer zwart-wit.
Maar in het donker zijn honden weer superieur aan de mensen.
Dat komt door het reflecterende netvlies van hun ogen. Ze nemen bewegingen zelfs waar als het al bijna donker is.
Dit reflecterende netvlies zorgt er ook voor dat hondenogen 's nachts opflikkeren als er licht invalt.

Een hond heeft bovendien een veel groter blikveld dan mensen. Dat komt doordat zijn ogen aan de zijkant zitten. Hij hoeft niet zoals wij zijn kop te bewegen om te zien wat er rechts en links gebeurt.
Hondenrassen met een zeer smalle kop, zoals bijvoorbeeld hazewindhonden, kunnen zelfs zien wat er achter hen aan de hand is zonder zich om te draaien!

Een hond zweet via zijn tong!
Je hebt vast al eens gezien hoe een hond zijn tong ver uit zijn bek laat hangen en heel snel ademt. Dan hijgt hij. De reden daarvoor is: hij heeft het warm, en via zijn vochtige tong koelt hij af. Als wij mensen zweten, ontstaat er ook vochtigheid op onze huid, waardoor we weer afkoelen. Bij honden functioneert deze warmteregeling voornamelijk via de tong. Daarom moet hij op warme dagen veel drinken.

Hebben honden een zesde zintuig?
In elk geval hebben ze een geweldig geheugen. Ze vinden een weg waarover

ze één keer hebben gelopen altijd terug, een bot in de grond speuren ze zelfs na drie jaar nog trefzeker op.
Ook de verhalen over honden die de weg naar huis terugvinden over een afstand van honderden kilometers zijn opmerkelijk. En ook dat zij bijvoorbeeld heel onrustig worden als er onweer of zelfs een aardbeving aankomt.
Honden kunnen zelfs dingen die wij mensen totaal niet begrijpen...

Over hoektanden en gecoupeerde staarten

De hond heeft zijn indrukwekkende gebit met 42 tanden geërfd van de wolf, een echt roofdier.
Natuurlijk heeft onze tamme hond minder tanden nodig, want hij hoeft niet te jagen voor zijn voedsel dat hij kant-en-klaar op zijn bordje krijgt.
Toch hebben de meeste honden deze tanden:

- Helemaal vooraan zes kleine *snijtanden*, die eigenlijk meer dienen om te knagen.

- Links en rechts ervan zit een sterke hoektand, de *vangtand*.
- Dan komen de *kiezen*, rechts en links en boven en onder natuurlijk. Eéntje is telkens, alweer rechts en links en boven en onder, bijzonder groot en puntig. Dat zijn de *scheurkiezen*. Als onze hond nog een wolf in het wild was geweest, dan zou hij met deze kiezen de stukken uit zijn buit hebben gescheurd.

Trouwens: honden hebben ook melktanden, 28 stuks. Die vallen in de eerste levensmaanden uit.

De snuit van een hond noemt men in vaktaal *vang*. Als hij zijn lippen optrekt en hij zijn hoektanden laat zien, dan betekent dat: 'opgepast!'

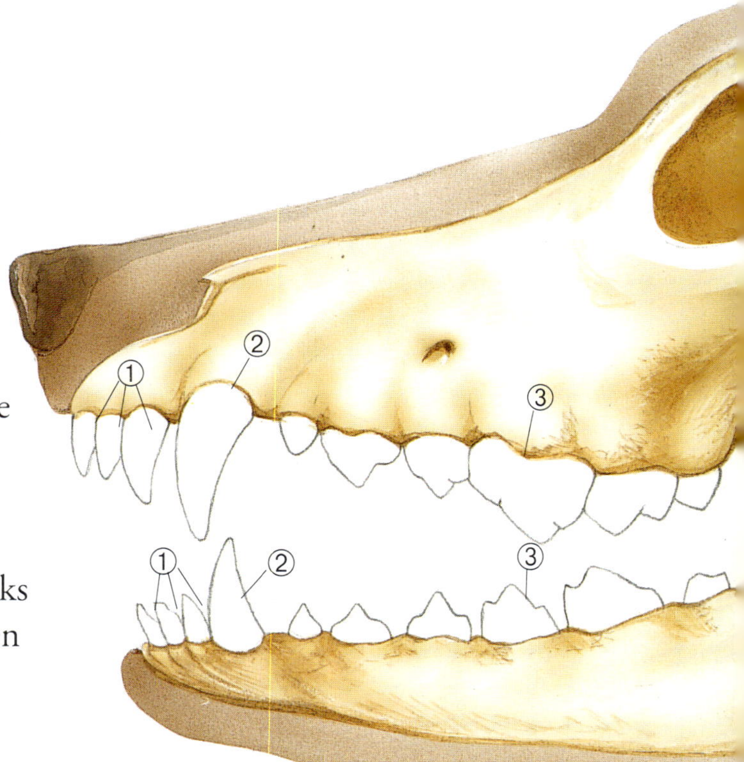

① *snijtanden*
② *hoektanden*
③ *scheurkiezen*

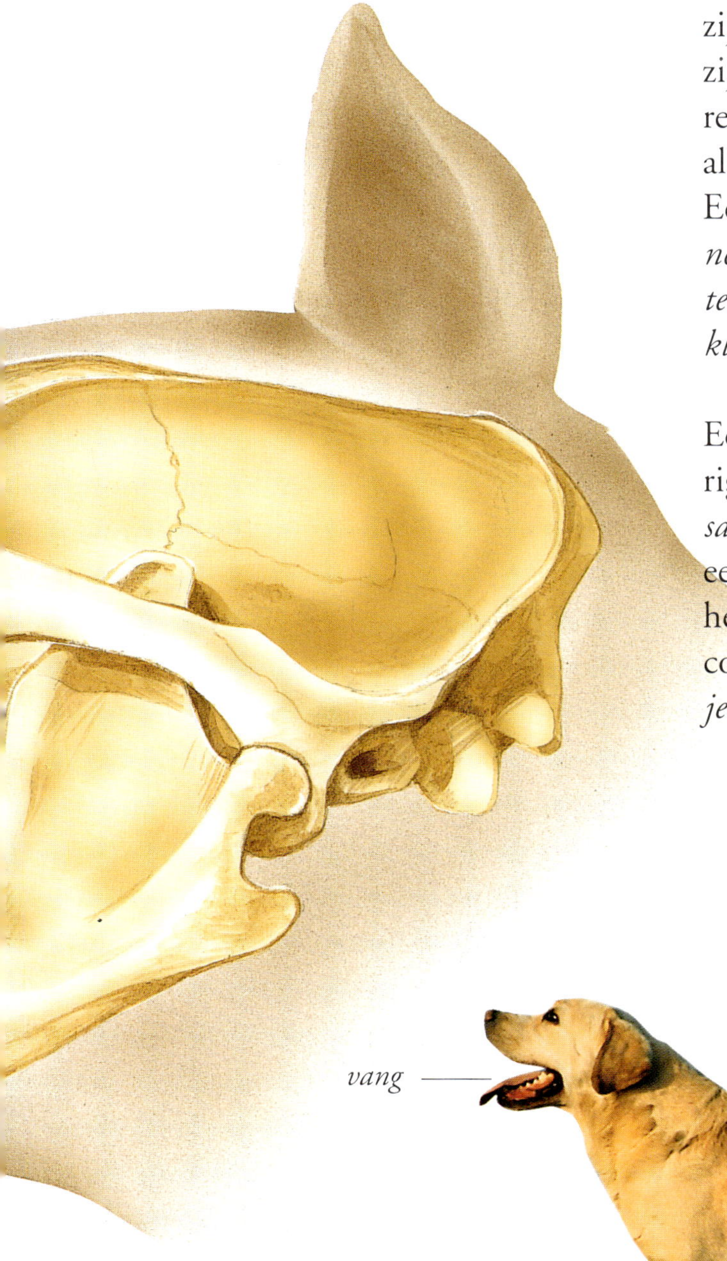

Honden lopen niet op voetzolen, want zij zijn *teengangers.* Dat betekent dat zij slechts op hun vier tenen lopen, de rest van de voet zit hoger, als het ware als verlengstuk van de poot.
Een hond heeft *voorbenen* en *achterbenen* en zijn voeten noemen we *voorvoeten* – daar zitten geen teennagels maar *klauwen* aan.

Een hond heeft een *staart.* De langharige tekkel heeft bijvoorbeeld een *sabelstaart* en de Duitse herder heeft een *afhangende staart.* De keeshond heeft een vrolijke *krulstaart,* terwijl de cockerspaniël ook met zijn *staartstompje* flink kan kwispelen.

De enige vriend die je kunt kopen

Normaal gesproken kun je liefde en vriendschap nergens kopen. Alleen wie een hond koopt, krijgt in ruil voor geld een vriend voor het leven. (Dat geldt natuurlijk ook voor een hond die je cadeau krijgt!) Maar waar haal je er een vandaan?

De hond uit de krant

'Schattige westiepuppy's aan liefdevolle handen over te dragen', dat of iets vergelijkbaars zie je in veel krantenadvertenties. Je kunt daar naartoe gaan en de honden bekijken.

Misschien kun je de puppy's, de babyhondjes dus, af en toe bezoeken. Dan kan de 'jouwe' al een beetje aan je wennen voor hij bij jullie in huis komt. Dat kan pas als hij 8 à 10 weken oud is.

Er is nog een andere manier om je droomhond te vinden: vraag in de buurt en aan bekenden waar er binnenkort een nest honden wordt verwacht.

De hond van de fokker

Wie waarde hecht aan ras en klasse en graag een hond met een stamboom wil hebben, kan bij fokkers gaan kijken. (Belangrijke adressen staan op bladzijde 63.)

Wees voorzichtig als de fokhonden en welpen in een donkere kelder of in een kale kooi ver van het woonhuis zitten.

Zulke hondenjongen worden vaak schichtige wezens, doordat zij geen contact hebben met mensen. De kleintjes hebben al vanaf de vierde levensweek menselijke aandacht nodig. Als niemand zich om hen bekommert, dan blijven ze schuw. Gelukkig treffen maar weinig dieren het zo slecht. Een fokker die van zijn honden houdt, gaat ook goed met hen om. Een goede fokker is later ook altijd graag bereid alle vragen van de hondeneigenaar te beantwoorden.

De hond uit het asiel

Het adres van het dichtstbijzijnde asiel staat in het telefoonboek; je kunt het ook aan een dierenarts vragen.
In een asiel zitten meestal volwassen honden.

Het lijkt wel handig om een dier te nemen dat al opgevoed is. Maar het dier kan ook 'afwijkingen' hebben, leuke en minder leuke. Vraag de dierenverzorger ernaar, want die kent zijn beschermelingen natuurlijk.
Helaas hebben veel asielhonden een treurig verleden achter de rug en kost het vaak moeite hun vertrouwen te winnen. Als het lukt, dan wordt een dier uit het asiel meestal een heel aanhankelijk en liefdevol gezinslid.
In het asiel kun je natuurlijk ook puppy's, voornamelijk kruisingen, vinden. Die kijken je waarschijnlijk zo hartverscheurend aan, dat je ze het liefst allemaal direct zou meenemen. Maar het is beter dat je niet meteen je hart verliest en aan de dierenverzorger vraagt hoe groot deze schattige dwergen vermoedelijk zullen worden.

Een hond neemt zijn intrek – wat hij allemaal nodig heeft

Binnenkort is het zover, jouw hond neemt zijn intrek. Maar eerst moet je voor een paar dingen zorgen:

Slaapplaats

Néé, je bed is geen geschikte slaapplaats voor je hond. Ook als je dat heel gezellig vindt en je nieuwe vriend dat al helemaal ziet zitten. Hij mag zich daar ook niet bij uitzondering installeren. Als je het hem ook maar één keer toestaat, dan zal hij de volgende dag enorm theater spelen.
Een hond kan het niet begrijpen als hij de ene keer iets mag en een andere keer niet. Dat geldt in het algemeen voor de hele opvoeding van de hond. Daar hoort ook bij dat hij moet leren op zijn eigen plekje te slapen. Het zal voor hem zeker niet gemakkelijk zijn, die eerste nacht alleen in zijn mandje. Maar hij zal het overleven en snel gaan houden van zijn eigen, ongestoorde slaapplaats. Die plaats moet natuurlijk wel in de buurt van het gezin liggen, maar niet in een slaapkamer.
Hij kan op een deken liggen, op een matras of in een echte hondenmand die bedekt is met een deken of een kussen. Het belangrijkste is dat het dier genoeg plaats heeft om zich ook eens uit te rekken.

Kleinere honden slapen graag in een holletje. In speciaalzaken voor dierenbenodigdheden of dierenwinkels vind je speciale hondenholletjes.

Drink- en eetbak
Het spreekt voor zich dat jij en je hond niet van hetzelfde bord eten... Hij moet een etensbak en een waterbak hebben. Deze schotels moeten niet te licht zijn, dus als het kan niet van kunststof gemaakt zijn. Anders worden ze door speelse honden enthousiast door de kamer geduwd! Stabiele keramiekbakken zijn de beste.
Voor langorige honden zoals de tekkel en de poedel zijn er speciale bakken die bovenaan smaller zijn. De opening is precies groot genoeg voor de snuit van de hond – zo zullen zijn oren niet in de bak gaan hangen.

Halsband en riem
De eerste halsband hoeft geen luxemodel te zijn, want de pup moet immers nog groeien – en met hem zijn hals. Er zijn zeer veel verschillende hondenriemen. Je kunt je het beste laten adviseren in de winkel. Daar weten ze welke riem het meest geschikt is voor elk type hond.

Borstels voor de schoonheid
De vacht wordt verzorgd met kam en borstel. Honden met een lange vacht moet je dagelijks borstelen, kortharigen zijn met minder tevreden. Maar elke hond geniet van deze borstelbeurt!

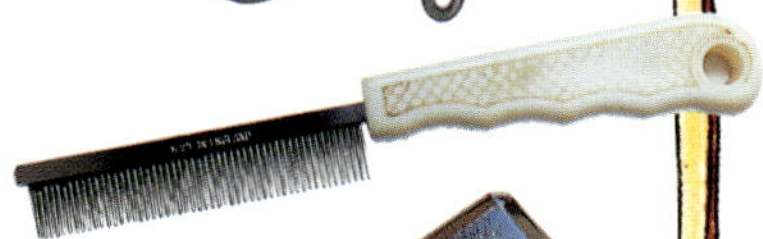

De eerste dag met je hond

Dit is zeker een van de opwindendste dagen die je tot nu toe hebt beleefd. De kleine hond is even opgewonden en bovendien angstig. Misschien heb je hem met de auto opgehaald. Hij weet nog niet wat autorijden is, en hij vindt het maar eng. Bovendien voelt hij zich vreselijk eenzaam – tot vandaag leefde hij per slot van rekening samen met zijn broertjes en zusjes en kon hij zich tegen zijn moeder vlijen. Nu staan er enkel vreemdelingen om hem heen. Ze zijn weliswaar lief en ze willen hem strelen, maar hij zou het liefst weglopen en zich verstoppen.

Een eigen plekje

Je hebt zijn slaapplaats natuurlijk al klaargemaakt, met een mandje en een dekentje. Zo weet de kleine hond van bij het begin waar hij zich kan terugtrekken, als het hem te onrustig wordt of als hij gewoon wil slapen. Je moet hem ook al laten kennismaken met zijn eethoekje, waar de waterbak en de eetbak klaarstaan – dat kan het beste in de keuken zijn. Zet de voerbakken op een matje dat gemakkelijk schoon te maken is, want er valt helaas regelmatig wat naast. Als jullie een tuin hebben, dan mag hij die ook al verkennen.

De eerste ontdekkingstocht

Je had vast en zeker graag een groot feest gegeven en al je vrienden uitgenodigd om de hond te begroeten. Wacht daarmee tot het dier zich thuisvoelt. Eerst moet hij zijn nieuwe thuis verkennen. Zijn neus verricht daarbij toparbeid, alles wordt besnuffeld!

Of hij mag alvast snuffelen aan zijn toekomstige boomstammen aan de kant van de straat.
Als het al niet binnen is gebeurd, dan gebeurt het nu: hij moet nodig.
Dat zal hij de eerste dagen overal doen. Hij is nog niet zindelijk en hij heeft geen benul van de hondenregels.
Wat hij allemaal moet leren, staat op bladzijde 34.

De nieuweling moet een naam hebben
Sommige mensen noemen hun hond 'meneer Jansen', 'mevrouw Pietersen' of gewoon 'Hond'. Maar experts menen dat honden heel goed reageren op korte namen met een a of een o of met beide erin; bijvoorbeeld *Arco*, *Bello*, *Bianca* of *Asta*.

Welke namen komen in je op?

Schrijf ze op en kies daarna de mooiste uit voor jouw hond.

Als herinnering aan deze eerste dag met je hond kun je hier opschrijven wat er allemaal is gebeurd.

Bijvoorbeeld:

- *Hoe ging de eerste wandeling? Was je hond onbeschroomd en nieuwsgierig of eerder terughoudend en voorzichtig?*
- *Hebben jullie andere honden ontmoet? Of zelfs een kat?*
- *Reageert hij al op zijn naam?*
- *Als je een puppy hebt, dan kun je natuurlijk ook tellen hoeveel mensen op straat hebben geroepen: 'Oh, wat lief!'*

Dit heb ik allemaal

met ....

beleefd:

....

....

....

....

....

....

....

....

....

....

....

Mijn hond

Signalement *Naam:*

Leeftijd: *Ras:*

Bijzonderheden:

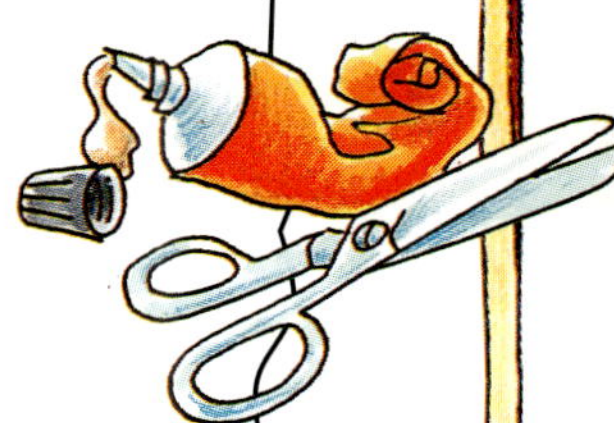

Hier kun je een foto of een tekening van je hond plakken.

Hondenopvoeding

Ook als je hond je beste vriend is, moet hij respect voor je hebben en moet hij opgevoed worden, zodat hij niet met je zal sollen. Bij de opvoeding

zijn drie dingen belangrijk: *consequent zijn*, *geduld hebben* en *pluimpjes geven.*

Consequent zijn betekent dat je erop staat dat de hond je bevelen uitvoert. Als je zo nu en dan iets door de vingers ziet, dan zal hij zich afvragen waarom de rest van belang is.

Geduld hebben betekent dat je de dingen die hij moet leren steeds weer met kalme stem herhaalt, tot het werkt. Geschreeuw is zinloos.

Pluimpjes geven is het voornaamste! 'Braaf' met minstens drie a's klinkt een hond als muziek in de oren. Je moet nooit vergeten hem een pluimpje te geven als hij iets goeds heeft gedaan. Af en toe kun je hem ook belonen met een lekkernijtje. Maar dat kun je beter niet te vaak doen!

Wat de pup niet leert, zal de hond nooit meer leren

De belangrijkste hondenregels moet de pup vanaf de eerste dag leren. Je hond went *in de leeftijd van 10-12 weken* aan zijn omgeving en aan jullie. Hij wil alles verkennen, is speels en nieuwsgierig. Een geschikt moment om hem vertrouwd te maken met de halsband en de riem. Beide zal hij haten! Hij vindt de halsband maar lastig en uit protest tegen de riem gaat hij zitten of trekt hij je de andere kant op. Als laatste uitweg probeert de slimme hond hem met zijn scherpe melktanden door te knagen.

Dat moet je uiteraard verbieden. Vroeg of laat zal hij begrijpen dat het prettiger voor hem is als hij niet aan de riem trekt.

Zit!

Lig!

Je kunt het lopen aan de riem het beste in de tuin, in een rustige wei of in een park oefenen. Daar kun je gelijk ook het bevel *kom!* oefenen. Met een zacht rukje aan de riem wordt de hond aangetrokken. *Op de leeftijd van 13-16 weken* heeft elke hond onderscheid leren maken tussen een pluimpje en een berisping. Alleen al door de toon: als je hem berispt spreek je hem streng toe, als je hem een pluimpje geeft, klinkt je stem zacht en zoet.

Vervolgens staan de bevelen *zit!* en *lig!* op het programma.

Zit gebruik je voor jullie de straat oversteken of als je wacht voor het stoplicht. *Lig* betekent dat de hond moet gaan liggen. Begrijpt hij eerst niet wat je van hem wilt, dan moet je het hem laten zien en hem een beetje helpen tot hij zit of ligt.

Bovendien moet je hond inzien dat hij *foei!* of *af!* serieus moet nemen. Daarmee verbied je hem bijvoorbeeld tegen andere mensen op te springen, aan pantoffels te knabbelen of op oma's televisiestoel te gaan zitten.

Op een dag ontdekt je hond dat hij kan blaffen. Daar zal hij dan zo enthousiast over zijn dat hij alle toonhoogten wil testen. Met het woordje *stil!* probeer je hem tot kalmte te manen. Natuurlijk moet je hond ook een keer mogen blaffen. Uit blijdschap bijvoorbeeld, als je thuiskomt. En als waarschuwing, als er vreemdelingen aan de deur staan. Maar onophoudelijk geblaf werkt op de zenuwen.

Op de leeftijd van 17-24 weken wordt de kleine pup een jonge hond. Nu kan hij leren *aan de voet* te lopen: hij loopt dicht naast de mensen. Weliswaar aan de riem, maar die voelt hij al helemaal niet meer.

Je moet alle bevelen steeds weer oefenen. Een paar keer per dag, maar telkens niet langer dan tien minuten. Een jonge hond kan zich niet langer concentreren.

Als hij 'nodig moet', moet hij naar buiten

Het leerprogramma 'zindelijkheid' moet vanaf de eerste dag worden gevolgd. Je boekt betrekkelijk snel successen. Als je de pup maar goed in het oog houdt. Hij 'moet' meestal kort nadat hij heeft gedronken of gegeten, of net nadat hij wakker is geworden. Ga dan snel met hem naar buiten. Als hij zijn behoeften heeft gedaan, dan is een extra pluimpje op zijn plaats. Soms moet een kleine hond zo nodig dat je niet op tijd buiten bent. Voor dergelijke gevallen is het nuttig een hoekje te hebben met een dik pak kranten op de grond, waar je hem dan snel naartoe draagt. Ga daarna toch met hem naar buiten, zodat hij de samenhang inziet. Zeer slimme honden hebben dit leerprogramma in een paar dagen onder de knie. Ze waggelen nonchalant

naar de deur, waarmee ze willen zeggen: ik moet even.

Niet alle mensen houden van honden!

Sommige mensen houden helemaal niet van honden. Misschien omdat zij zich een weg moeten banen langs de hondendrollen op straat. Let er daarom op dat jouw hond zijn behoeften niet op de stoep doet.
Ook niet in speelplaatsen, zonneweiden in het park of dergelijke plaatsen. Van nature verstopt een hond zich voor zijn behoeften het liefst diep in de bosjes.

Hoe spreekt een hond?

Helaas spreekt hij geen Nederlands of Frans. En toch kunnen we hem goed verstaan, we moeten alleen leren zijn *gebarentaal* en zijn *klankentaal* goed te begrijpen.

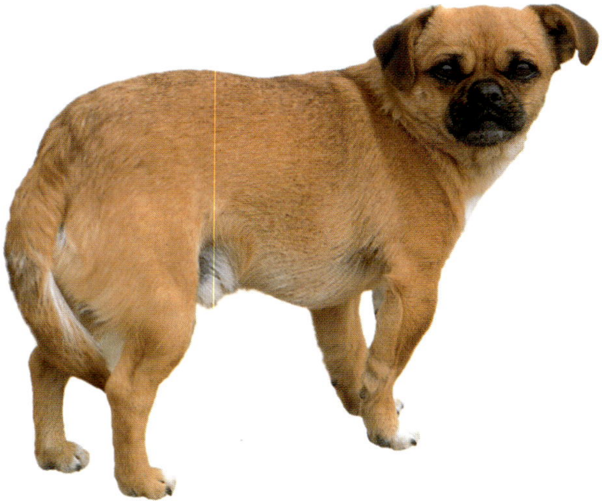

Blaffen in alle toonsoorten

Met de *klankentaal* doelen we natuurlijk op het blaffen.

- De hond blaft bijvoorbeeld omdat er iemand aankomt: blij en opgewonden als hij de persoon kent of veeleer waarschuwend als het een vreemdeling is.
- Hij blaft luidkeels en verlangend, als je eindelijk met hem zal gaan wandelen. Als hij ook nog op en neer huppelt, dan wil hij met je spelen.
- Als hij middenin de keuken staat, dan hoor je er misschien een zeurende ondertoon bij: 'middaguur, waar blijft mijn eten?'
- Als hij daarentegen klaaglijk loeit, dan is hij waarschijnlijk bedroefd. Ook honden hebben daar last van. Dan helpt maar één ding: je moet hem troosten – streel hem en spreek hem lief toe.

Pas op als een hond zich groot maakt!

De gebarentaal van de hond is veel gemakkelijker te verstaan: zijn oren staan recht overeind, zijn staart omhoog en zijn nekvel overeind – dat is een typische dreighouding. Als hij bovendien zijn lippen optrekt, dan is hij echt woedend.

Maakt hij zich daarentegen klein, dan is hij bang. Zijn oren liggen dan vlak tegen zijn kop aan en zijn staart zit tussen zijn achterpoten. Pas op: zo'n bange hond bijt eerder dan een zelfbewuste!

Sommige kunnen zelfs droevig kijken
Sommige hondenrassen zijn beroemd om hun mimiek. Ze kunnen hun gezicht fronsen. Tekkels zijn er een goed voorbeeld van.
Bij sommige honden krijg je zelfs het gevoel dat ze je echt toelachen – of lachen ze ons uit?

Natuurlijk zijn er ook honden waaraan je de gemoedstoestand niet zo gemakkelijk kunt aflezen. Zij verstoppen zich achter een dicht vachtgordijn.

Waarom kwispelt de hond met zijn staart?
Als je hond vrolijk om je heen springt en heftig kwispelt, dan is hij blij. Wie hij zo ontvangt, mag hij graag. Maar als je goed oplet, zul je al snel merken dat dat kwispelen niet altijd hetzelfde betekent. Als de staart bijvoorbeeld recht naar boven staat en langzaam heen en weer beweegt, dan is je hond juist onzeker en weet hij niet hoe hij zich moet opstellen.

Als een hond tegelijkertijd blaft en kwispelt, dan twijfelt hij. Hij alarmeert voor de zekerheid zijn baasjes met: 'Hallo, hier gebeurt iets, er komt iemand aan!'
Anderzijds geeft hij met zijn gekwispel aan dat hij zich niet bedreigd voelt. Als het blaffen ondanks het kwispelen overgaat in gegrom, dan wil de hond dat je afstand houdt.

- Zet hij zijn oren naar voren, dan is dat de laatste waarschuwing (bv. aan vreemdelingen die hem benaderen): tot hier en geen stap verder!
- Naar achteren gelegen oren duiden op onzekerheid.
- Als een hond met hangoren zijn oren nog lager laat hangen, dan is dat een goed teken. Hij is volledig ontspannen.

waakzaam

waarschuwing

onzeker

De oren duiden op van alles

Je kunt honden met staande oren natuurlijk gemakkelijker doorzien dan honden met hangoren. Bij de laatste moet je goed kijken om de kleine veranderingen in de stand van de oren op te merken.

- Als de oren recht overeind staan, is de hond waakzaam – er ontgaat hem niets.

Louter uit liefde 'kust' hij iemand de hand

Als je hond tegen je opspringt, je handen likt en aan je vingers knabbelt, is dat pure liefde. Maar sommigen vinden een natte hondenneus misschien niet zo prettig, of worden bang als een grote hond tegen hen opspringt. Dan moet je je hond terugroepen.

Hondentaal

blij

waakzaam

dommelt

onderdanig

agressief

vriendelijk

Waar een hond zich prettig bij voelt

Hier houdt hij van:

Van ***jou*** houdt hij. Jij bent waarschijnlijk het belangrijkste in zijn leven. Je hond kan voelen of jij bedroefd bent. Dan zal hij zich dicht tegen je aan vlijen, om je te troosten.

Hij merkt het ook als je niet gestoord wilt worden, bijvoorbeeld als je zit te piekeren over je wiskundehuiswerk. Hij zal zich wel bij je in de buurt nestelen, maar hij wacht af tot je weer tijd voor hem hebt.

Hij houdt van ***beweging***, het liefste 's ochtends en 's avonds. Honden zijn loopdieren en ze rennen hartstochtelijk achter ballen en stokjes aan. Vele zijn dol op zwemmen en kunnen geen beekje passeren zonder erin te springen. Natuurlijk mogen ze alleen op toegestane plaatsen het water ingaan.

Hij houdt van ***het gezinsleven.*** Hoe meer mensen zich met hem bezighouden, hoe beter het is. Liefde kan je tenslotte nooit genoeg krijgen, dat geldt ook voor een hond. Als je er eventjes niet bent, zal hij zich door iemand anders uit het gezin laten strelen.

Honden vinden het bijzonder fijn als je ze krauwt, vooral achter de oren, in de nek en op hun borst en buik.

Hier houdt hij niet van:

Wanorde haat hij. Dan weer zus, dan weer zo, dan ja, dan nee, dat is niets voor hem. Een hond heeft duidelijke richtlijnen nodig. Dat geldt vooral voor de opvoeding. Geen enkele hond begrijpt het als men hem vandaag verbiedt wat hij gisteren nog mocht. En hij moet er ook van op aan kunnen wat zijn vaste plek in huis is. Nu eens hier en dan weer daar bezorgt hem kopzorgen.

Hij wil niet ***gepest*** worden. Je mag een hond niet aan zijn oren of zijn staart trekken. En je moet hem niet meedogenloos uit zijn slaap halen of naar hem toesluipen als hij maar wat voor zich uit zit te dommelen. En bij zijn voedingsbak heeft een hond echt rust nodig.
Zelfs de zachtaardigste hond laat niet met zich spotten als je hem bij het eten stoort.

Behandel je hond – alle honden trouwens – altijd net zoals je zelf behandeld wilt worden. Een hond is geen speelgoed dat je achter je aan sleept, maar een levend wezen dat onder jouw hoede is gesteld en dat je moet respecteren.

Dat is een dikke hond!

Is het je wel eens opgevallen dat dikke mensen vaak dikke honden hebben? Het erge is dat de arme hond nooit zelf schuld heeft aan zijn overvloedige kilo's. Zijn baasjes overvoeden hem en maken een veeleter van hem.

Geen hapjes van de tafel!
Een slimme hond heeft het snel door: hij hoeft alleen maar met een hongerige blik naast de eettafel te gaan zitten en al snel is er een medelijdende ziel die hem iets toestopt. Arme hond! Want ons eten is voor hem te zout, te gekruid, te zoet en te vet.
Dan helpt maar één ding: hard en harteloos zijn en hem niets geven. Dan zal hij de eettafel al snel niet meer interessant vinden en zal hij afdruipen. Het zal de hond lang niet zoveel moeite kosten af te zien van zulke extra hapjes als hij zijn voer krijgt voor het eten op tafel staat.

Voeder hem altijd op hetzelfde tijdstip
De vuistregel is: puppy's en jonge honden worden drie- tot viermaal per dag gevoerd, volwassen honden (vanaf ongeveer een jaar) hebben een hoofd- en een bijmaaltijd nodig. Honden zijn gewoontedieren en daarom moeten ze hun eten steeds op hetzelfde tijdstip krijgen. Het hondeneten mag nooit direct uit de koelkast komen, noch mag het kokend heet in de bak worden gedaan. En: een hond heeft rust nodig als hij eet. Als er te veel drukte om hem heen is, gaat hij schrokken uit angst dat iemand het voer voor hem wegkaapt. Vergeet niet de etensbak na elke maaltijd af te wassen!
Wij eten tenslotte ook niet graag van een vies bord.

Honden moeten veel drinken, jonge nog meer dan volwassene. En wel uitsluitend water!

Vers eten of blikjesvoer?

Het voordeel van kant-en-klare voeding is dat alles erin zit: eiwitten, koolhydraten, mineralen, vitaminen, ballaststoffen en een beetje vet. Bij blikvoer is er een enorme keuze in smaakverschillen. Daarnaast is er nog gedroogd voer, dat ook alle noodzakelijke voedingsstoffen bevat en dat zeer praktisch is als men op reis gaat. Bij gedroogd voer moet de hond voldoende drinken.

Een kluif? Heeft hij niet nodig

Van echte kluiven krijgt een hond alleen maar spijsverteringsproblemen. Wat hij wel nodig heeft, zijn speciale knabbelkluiven die gemaakt zijn van buffelhuid. Daarmee oefent hij zijn gebit en tegelijkertijd poetst hij zijn tanden bij het kauwen.

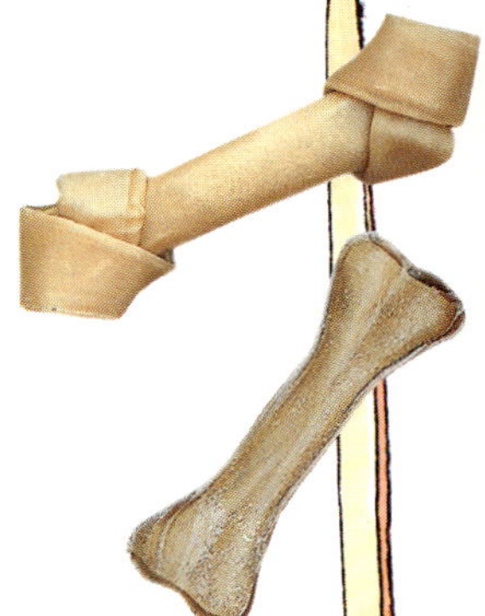

Kom met me spelen!

Honden houden heel veel van spelen en ravotten. Ook daarom is een hond zo'n geweldige vriend: met hem beleef je allerlei avonturen en word je zeker nooit een huismus. Als hij er met jou op uit wil, blijft hij niet zwijgend in een hoekje zitten hopen tot jij een teken geeft, maar geeft hij dat op zijn eigen manier aan:

- Met gevouwen voorpoten laat hij het voorste deel van zijn lichaam op de grond zakken, zijn achterdeel steekt de lucht in en hij kwispelt krachtig met zijn staart. Bovendien maakt hij bokkensprongetjes voor je. Hij kan je niet duidelijker laten blijken dat hij wil spelen.

- Een ander signaal is dat hij tegen je aanstoot tot je het doorhebt: 'Kom op slome, ik wil naar buiten!'

- Of hij haalt zijn favoriete bal en legt die voor je neer. En zodra je die wilt pakken, grijpt hij hem weg en gaat hij ervandoor.

Honden zijn geweldige balkunstenaars

Als een hond achter een bal aan rent, komt zijn jachtinstinct naar boven. En ook in het spel wil hij dit instinct de vrije teugel laten. Er zouden zelfs honden zijn die kunnen dribbelen met een bal aan de neus, bijna zoals een voetballer.

Touwtrekken

Jij aan de ene, je hond aan de andere kant, daartussen bijvoorbeeld een oude handdoek. Dan krijg je een geknor en getrek! Maar houd je een beetje in. Vooral een kleinere hond heeft geen schijn van kans als je te onstuimig bent.

Topsporters naast de fiets
Dat is voor een grotere hond het mooiste! Maar hij moet wel eerst oefenen in het lopen naast een fiets. Een volwassene moet hem daarin trainen. Als een hond eenmaal heeft geleerd trouw naast de fiets te draven, dan heb je een enthousiaste begeleider voor je fietstochtjes.

Te land en ter zee – het spel met het stokje
Heb je al spierpijn in je armen van het vele stokwerpen? Helaas voor jou wordt je hond niet moe. Hij vindt het ook helemaal niet onnozel steeds weer dezelfde stok voor je voeten te leggen. Voor waterminnende honden is het heel leuk als ze een meertje in moeten om een stok terug te halen.

Jouw hond en de andere

Sommige mensen nemen hun hondje direct angstig in hun armen als ze in de verte een andere hond zien. Dat is verkeerd want daarboven denkt hij dat hij heel groot is en dan zal hij later zelfs grotere honden aanvallen, of hij jankt elke keer om hulp en wil op de arm als er een andere hond op hem afkomt. Het is goed om het jonge dier te wennen aan zijn soortgenoten. Als pup geniet hij nog grote vrijheid: de oudere dieren zullen hem weliswaar terechtwijzen, maar ze zullen hem niet echt pijn doen.

Bij de eerste ontmoeting wordt de rangorde al duidelijk gemaakt. Dat gaat zo:

- Ze wrijven hun neuzen tegen elkaar.
- Ze snuffelen onder de staart (dat is nu eenmaal een hondengewoonte, trek de hond nooit weg als een andere hond aan hem snuffelt, want anders zal hij een lafaard lijken).
- Ze tillen hun poot op (alleen de reuen natuurlijk).
- Soms grommen ze en gaan hun nekharen overeind staan – dat is alleen maar opschepperij.

De zwakkere betoont zich nederig. Hij maakt zich klein, zakt door de knieën, houdt zijn staart naar beneden en beweegt langzaam. Vele honden tillen ook hun voorpoot op, alsof ze smeken. Doorgaans accepteren de sterkeren deze gebaren. Als ze toch een keer gaan vechten, dan kun je beter niet tussenbeide komen. Gelukkig ziet het er erger uit dan het is.

Beter dan niets: de hond van een ander

Helaas zijn er soms ernstige redenen waarom er geen hond in huis mag. Maar dat hoeft niet per se te betekenen dat je het helemaal zonder hond moet stellen. Want er zijn verschillende mogelijkheden om voor de hond van een ander te zorgen.

De hond van de buren
Veel buren die te weinig tijd hebben zouden blij zijn als ze iemand hadden om hun hond uit te laten. Maar de eerste keer moet de eigenaar van de hond er wel bij zijn, zodat de hond aan jou kan wennen.

Hondenoppas
Je zet een advertentie als hondenoppas. Het is van belang dat je op honden past die je vertrouwt – bij een grote hond moet je bijvoorbeeld in geval van twijfel sterk genoeg zijn om het dier aan de riem te houden.

Vakantiehonden
Jullie kunnen, als het gezin het ermee eens is, de hond van bekenden of van familie opnemen als zij zonder dier op vakantie willen.

Hulp in het dierenasiel
In een asiel heeft men er vaak geen enkel bezwaar tegen als oudere kinderen zich om de honden bekommeren en met hen gaan wandelen. Informeer ernaar bij de dierenverzorgers.

Het hondendagboek

Hier kun je opschrijven wat jouw hond op een bepaalde dag allemaal doet.

… uur

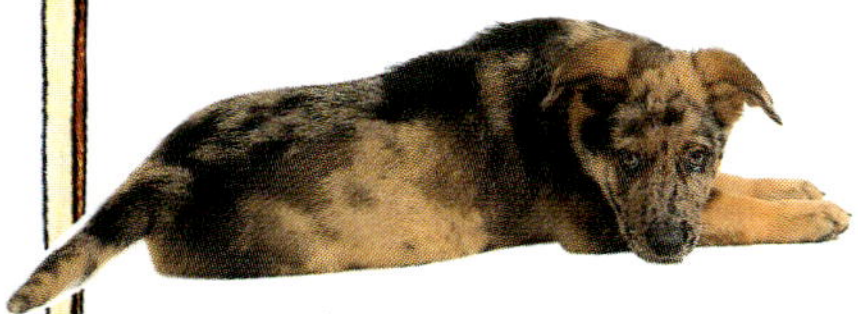

… uur

… uur

... *uur*

... *uur*

... *uur*

... *uur*

... *uur*

Wat als hij ziek wordt?

Je hond heeft een dierenarts nodig, al was het alleen maar voor de jaarlijkse inentingen tegen hondsdolheid, hondenziekte (ziekte van Carré) en andere gevaarlijke hondenziekten. Normaal gesproken krijg je bij de aanschaf van een hond een inentingsboekje, waarin de eerste inenting staat vermeld. Op de leeftijd van 12-14 weken heeft hij zijn tweede basisinenting nodig. De jonge hond moet ook regelmatig worden ontwormd, een volwassen dier ongeveer eens per half jaar. (Bij deze wormkuren moet je een zalf of een pil door het eten mengen.)

Bij de dierenarts

Zelfs de meest drieste puppy's worden schuchter bij de dierenarts. Al het gedoe windt ze gewoon op: hier zit een andere hond te bibberen onder de stoel van zijn bazin, daar zit een kat te miauwen, daarachter fladdert een vogel onrustig in zijn kooi ...
Nu komt het op jou neer. Je moet je hond kalmeren, hem rustig toespreken en hem strelen. Vooral als hij op de behandeltafel zit en maar één ding wil – vluchten. Als hij nu leert zijn oren en neus te laten onderzoeken en dat hij niet dood gaat van een spuit of een koortsthermometer, zal hij in de toekomst een voorbeeldige patiënt zijn. Bij wijze van uitzondering krijgt hij na het bezoek aan de dokter een (of zelfs twee) van zijn lievelingshapjes.
Overigens: zo'n bezoek aan de dierenarts kan tamelijk duur zijn. Het kan de moeite waard zijn een ziektekostenverzekering voor je hond af te sluiten. Jullie dierenarts kan daar vast meer over vertellen.

Wanneer moet de hond naar de arts?

- *Als hij gewond is*

(hij is bijvoorbeeld met zijn poten ergens in gaan staan of hij heeft een poot verstuikt bij het ravotten in de tuin, enz.).

- *Als hij niet eet en drinkt*

(als hij een keer een dag vrijwillig vast, dan is het niet erg, maar hij moet op z'n laatst de derde vastendag onderzocht worden).

- *Als hij steeds diarree heeft*

(als je zijn voer hebt veranderd kan de spijsvertering gedurende korte tijd verstoord zijn, maar daarna moet ze stabiliseren).

- *Als hij verstoord in een hoekje wegkruipt*

(ook een hond is soms 'uit zijn humeur', maar als zijn onverschilligheid aanhoudt, is er iets niet in orde).

Hier kun je opschrijven wat allemaal van belang is voor de gezondheid van de hond:

Adres en telefoonnummer van de dierenarts of de dierenkliniek:

....

....

....

Tijdstip van de tweede basisinenting (in de 12de tot 14de levensweek):

op:...

Jaarlijkse inenting, steeds in de maand:

....

Wormkuren, tweemaal per jaar, in de maand:

1) ....

2) ....

Wist je dat…

… honden en katten een andere taal spreken?
Het kwispelen met de staart betekent bij katten: 'hoepel op!' En als zij hun poot optillen, dan bedoelen ze: 'Geen millimeter verder, anders barst het los.' Bij honden betekent het precies het tegendeel, namelijk dat zij het weer goed willen maken. En wat betekent trouwens 'miauw, miauw' of 'woef,woef'? Toch kunnen honden en katten goed samenleven. Als ze elkaar van jongs af kennen, leren ze elkaars taal.

… er honden zijn, die schijnbaar dol geworden in een rondje hun eigen staart najagen?
Dat ziet er op het eerste gezicht grappig uit, maar het is helaas een teken dat de ongelukkige zich flink verveelt! Met dit onnozele ronddraaien proberen honden hun leven wat afwisseling te geven.

… honden de beste alarminstallaties zijn?
Inbrekers zijn namelijk nergens zo bang voor als lawaai. En honden maken gegarandeerd herrie als een vreemdeling wil binnen-

sluipen. Zelfs de allerkleinsten zijn heldhaftig als het erom gaat het gezin te beschermen.

... bijna elke hond wel eens vlooien krijgt?

Deze plaaggeesten deinzen nergens voor terug. Zelfs de best verzorgde hond die dagelijks wordt geborsteld, ontkomt er niet aan.

Arglistig springen zij ergens in de vrije natuur op zijn vacht. Gelukkig zijn er middeltjes te koop in de apotheek, bijvoorbeeld speciale vlooienbanden, die ook werken tegen teken.

.... er honden met een blauwe tong zijn?

Nee, niet omdat ze steeds blauwe bosbessen eten, maar de kleur is aangeboren. Deze honden komen uit China en

heten chowchow. Daar kent men ze al meer dan tweeduizend jaar, bij ons pas honderd jaar.

... de hitte die we meestal van half juli tot augustus hebben de 'hondsdagen' worden genoemd?

Dat heeft niets met echte honden te maken, maar met de sterren. Lange tijd geloofden de mensen dat de zwoele zomerwarmte te maken had met de Hondsster.

Vakantie – uiteraard met de hond!

De meeste landen zijn hondvriendelijk, maar alleen als de hond ingeënt is tegen hondsdolheid. De dierenarts kan de overeenkomstige inentingspas in orde maken. Hij kan je ook precies adviseren over de betreffende toegangsvoorwaarden.

Eerst vragen, dan op pad
Zijn de honden op de plek waar jullie vakantie willen houden ook graag geziene gasten? Vraag dat eerst na bij het hotel, de herberg of de camping – daarna kan het beginnen!

Met de auto op vakantie
Bijna alle honden zijn enthousiaste autopassagiers. Voor kleine en middelgrote honden is de voetenruimte van de bijzitplaats de geschiktste plek. Grote honden moeten op de achterbank of – de veiligste en aangenaamste plek – in de kofferruimte van een stationcar.

Regels voor in de auto:

- *Doe de hond altijd aan de riem voor je uitstapt. Hij mag alleen naar buiten via het bijzitportier.*
- *Zet de auto in de schaduw en zet het raam op een kiertje als de hond alleen in de auto moet wachten.*

Met de trein op vakantie
Kleine honden hebben het daar beter dan grote. Zij reizen namelijk gratis als ze in een passende transportkoffer (hondenreistas of -box) blijven zitten.

Voor grote honden zoals de *sint-bernardshond* moet je de halve prijs van een tweedeklaskaartje betalen (ook als je chic eersteklas reist). De prijs is maximaal f 90,- of 1600 BEF, ongeacht hoe ver je gaat.

Regels voor in de trein:

- *Vraag aan de medepassagiers of ze bezwaar hebben tegen een hond in de coupé.*
- *Ook de hond die betaalt voor zijn reis, heeft recht op een zitplaats!*

Met het vliegtuig op vakantie

Een kleine hond (onder de 5 kg) in een transportkoffer kan met jou het vliegtuig in als handbagage en dat is bij binnenlands verkeer gratis.

Honden van meer dan vijf kilo moeten in een 'hondenreishut' (te koop bij een dierenspeciaalzaak of bij de vliegtuigmaatschappij) en in de vrachtruimte vliegen. Maar dit mag je alleen honden met sterke zenuwen aandoen. Het bezorgt ze flinke stress, ook als de dieren bij de tussenlandingen heel goed worden verzorgd.

Regels voor in het vliegtuig:

- *Vermeld de hond al bij het boeken van de reis, want er mag maar een beperkt aantal dieren per vliegtuig meevliegen. Voor chartervluchten gelden speciale voorwaarden.*

Gespecialiseerde honden

Elke hond heeft capaciteiten, instincten en zintuigen waar wij mensen alleen maar van kunnen dromen. Maar bepaalde rassen zijn zeer geschikt als beschermings- en werkhonden.
De *Duitse herdershond* is wel de bekendste onder hen. Herdershonden zijn onvervangbare assistenten voor de politie, de douane en de reddingsdienst in de bergen. Als reddingshonden speuren zij naar mensen die onder het puin van ingestorte huizen liggen of – bij lawines – onder metersdikke sneeuw bedolven zijn.
Cockerspaniëls zijn ook uitmuntende reukkunstenaars – zij ruiken drugs of springstoffen.

Blindengeleidehonden

Herdershonden waren lange tijd zonder concurrentie de beste blindengeleidehonden. Inmiddels voltooien ook *golden* en *labrador retrievers* deze zware opleiding.
Blindengeleidehonden moeten zeer sterke zenuwen hebben, want zij mogen zich immers door niets laten afleiden. Noch door een teefje aan de overkant, noch door een rookworst die

iemand ze voor de neus houdt. Blindengeleidehonden moeten bijvoorbeeld leren te blijven staan voor een trap of een stoeprand en zo hun blinde baas waarschuwen en leiden.

Herdershonden en jachthonden

Er zijn al heel lang honden die de herder helpen zijn kudde bijeen te houden. *Collies* zijn bijvoorbeeld zeer goede herdershonden. En zonder de jachthonden met hun speciale capaciteiten zouden heel wat jagers geen buit binnenhalen.
Ook jachthonden worden niet als kant-en-klare specialisten geboren; zij

krijgen een grondige opleiding. Maar na zo'n opleiding moeten ze er ook mee aan het werk worden gezet. Niets is zo droevig als een perfect geschoolde jachthond die bijna de hele dag binnen zit.

Sledehonden

Zonder deze honden hadden de mensen vroeger maar heel moeilijk kunnen overleven in het hoge Noorden. En zonder hen zouden de noord- en de zuidpool ook nauwelijks zijn verkend. Sledehonden zijn er van Alaska tot Siberië. In ons land is de *Siberische husky* haast een modehond geworden. Hij is zeer vriendelijk en lief voor kinderen – maar wie traint hem in het lopen voor een slee? Want dat is zijn leefwijze.

Hondenquiz

1. Windhonden lopen zo snel als de wind. Maar hoe snel is dat eigenlijk?

a) 40 kilometer per uur
b) 60 kilometer per uur
c) 100 kilometer per uur

2. Kunnen alle honden van nature zwemmen?

a) ja
b) nee, dat leren ze van hun moeder.

3. Hoeveel tanden heeft een volwassen hond?

a) 28
b) 38
c) 42

4. Welk hondenras komt oorspronkelijk uit China?

a) de boxer
b) de poedel
c) de chowchow

5. Waarom wrijven honden met hun neuzen tegen elkaar?

a) Ze willen weten of ze elkaar 'kunnen luchten' en of ze elkaar aardig vinden.
b) Dat is de hondenkus – zo begroeten verliefde honden elkaar.
c) Het neuswrijven hebben ze van de eskimo's afgekeken.

6. Waartegen moet een hond regelmatig worden ingeënt?
a) tegen griep
b) tegen hondsdolheid
c) tegen haaruitval

7. Moet je voor gekregen of voor gekochte honden belasting betalen?
a) voor gekregen honden
b) voor gekochte honden
c) voor gekregen én voor gekochte honden

8. Hoe vaak moet een hond minstens worden uitgelaten?
a) 's morgens, 's middags en 's avonds

minstens een halfuur
b) 's morgens en 's avonds, zolang de hond wil
c) 's morgens, 's middags en 's avonds, telkens tien minuten

9. Waarom tilt een reu bij elk paaltje en elke boom zijn poot op?
a) Hij moet zo vaak.
b) Daarmee geeft hij aan: allemaal weer een keer besnuffeld, dat is mijn terrein.

10. Wanneer begon de vriendschap tussen mens en hond ongeveer?
a) 100 000 jaar geleden
b) 12 000 jaar geleden
c) in de Middeleeuwen

11. Wat is een bastaard?
a) een hondenras
b) een ander woord voor kruising

De antwoorden vind je op bladzijde 63.

Wereldberoemde honden

Het zou voor een hond niet zo eenvoudig zijn beroemd te worden als er geen film of televisie waren. Destijds werden honden op rotswanden (bijvoorbeeld door de oude Egyptenaren), op doek (door talloze schilders) en op papier (als stripfiguren) vereeuwigd. Beroemde striphonden zijn bijvoorbeeld: Kuifjes *Bobbie*, Lucky Lukes *Rataplan* en de kleine *Idefix* van Obelix, de menhirverzamelaar.
Alle viervoeters van de film en de televisie zijn natuurlijk nog bekender, in de eerste plaats *Lassie*, de collieteef.

Commissaris Rex

Haar trouw ontroert al tientallen jaren volwassenen en kinderen. Maar zij heeft inmiddels concurrentie gekregen: de onhandige *Beethoven*, de kranige *Commissaris Rex* of de superslimme *Boomer*. Kun je nog meer beroemde honden bedenken?

Lassie

Een paar belangrijke adressen
Je weet wel welk type hond je wilt hebben, maar je kent geen fokker? De adressen van alle fokverenigingen kun je krijgen bij

De Raad van Beheer op Kynologisch Gebied in Nederland
Emmalaan 16
1075 AV Amsterdam

Koninklijke Maatschappij St. Hubertus
Giraudlaan 98
1030 Brussel

Deze organisaties kunnen je de adressen geven van de verschillende hondenverenigingen en hondenfokkers.
Je kunt hier ook terecht voor informatie over cursussen die je met je hond kunt volgen.

Antwoorden op de quizvragen: 1.b; 2.a; 3.c; 4.c; 5.a; 6.b; 7.c; 8.a; 9.b; 10.b; 11.b

Titelfoto: Tony Stone Worldwide, München
Tekening achterzijde (U4): Peter Nieländer, Münster
Foto's: Agentur Cogis: Lili: 54 b, Nicaise: 60 b; **Rolf Bender,** Tholey-Theley: 55 l; **Bildagentur IPO,** Linsengericht: 6, 26 b, 28, 39 r, 45 b (2), 52 (2), 55 r; **dpa,** Frankfurt/M: Kleefeldt: 20, Gatermann, Rei: 59 b, r, Klar: 62 l, Stefanie Pilick: 62 r; **Interessengemeinschaft Deutscher Hundehalter e.V.,** Hamburg: 57 o; **Werner Layer,** Mannheim: 19 (2), 21 b, 30 (2),
31 (3), 45 o; **Lothar Lenz,** Cochem: 10 r, 48 o, 61 b; **Reinhard-Tierfoto,** Heiligkreuzsteinach-Eiterbach: 4/5 M, 13 rb, 13 o, 14 l, 16 (3), 21 o, 22, 23 (2), 26 o, 34, 36, 38, 54 o, 57 (2), 58, 59 lb, 60-61 (1); **Save-Bild,** Augsburg:
K. Skogstad: 13 lb; **Christine Steimer,** Wölfersheim: 2, 3, 8, 15 o, 35 b (2), 39 l, 41 (6), 42-43 (4), 44, 46 (2), 47, 49, 51 (6), 53 b, 64;
Falken Archiv: Joachim M. Huber, Alzey: 37, Christine Steimer, Wölfersheim: 4/5 mb,
9 (3), 10 l, 11 (2), 14 r, 15 b, 17, 25, 27, 29 (5), 32, 35 o, 48 b, 56, 59 o, 60 lo, 63.
Tekeningen: Andrea Janisch, Niederseelbach: 6 lo, 7 ro; **Stefanie Wanka,** Ingelheim: 6 lb;
G & W Ohnesorge, Halle: 24-25, 40; alle andere tekeningen: **Peter Nieländer,** Münster.

Originele titel: *Mein Hundebuch*

Deze uitgave door: Deltas, België-Nederland
Nederlandse vertaling: Catalien Neelissen
D-MCMXCVII-0001-311
Gedrukt in België